Escrito por Eliza Jeffery
Ilustrado por Olga Konstantynovska

O MUNDO DOS
MAMÍFEROS

GIRASSOL

SUMÁRIO

As palavras DESTACADAS são encontradas no glossário.

O QUE SÃO MAMÍFEROS?

Os mamíferos são INCRÍVEIS!

Eles podem ser encontrados no mar, em terra e até mesmo no céu!
O mamífero é um animal que tem essas quatro características:

Sangue quente

Respira ar

Espinha dorsal

Cabelos ou pelos que crescem pelo corpo

Filhotes de mamíferos

Todas as fêmeas de mamíferos produzem leite para alimentar seus bebês.

Mantendo o calor

Todos os mamíferos têm **sangue quente** e, por isso, podem viver em lugares que são muito quentes ou muito frios!

Tipos de mamíferos

A maior parte dos mamíferos tem quatro patas, exceto animais como as baleias e os golfinhos. Os humanos também são mamíferos!

URSO-POLAR

Os ursos-polares são os MAIORES CARNÍVOROS em terra!

Esses animais selvagens são **predadores** muito espertos. Eles gostam de caçar no gelo marinho, esperando as focas aparecerem na superfície da água antes de atacar!

Olfato excelente!

Mães e filhotes têm laços de carinho fortes.

8

Eles se mantêm seguros em **tocas** na neve.

VOCÊ SABIA?

Eu sou... **carnívoro**.

Eu como... focas e peixes.

Posso ser encontrado... no Ártico.

MUSARANHO

Os musaranhos são os MENORES mamíferos!

Na aparência, os musaranhos são semelhantes aos ratos, mas eles têm os focinhos longos e pontudos e geralmente vivem ao ar livre. Eles comem a cada 3 ou 4 horas para se manterem aquecidos e cheios de energia.

Garras afiadas para escalar

Dentes afiados para capturar suas **presas**

Bom senso de audição, olfato e tato

VOCÊ SABIA?

Eu sou... **onívoro**.

Eu como... insetos, sementes e **fungos**.

Posso ser encontrado... por toda parte, em arbustos e nas florestas.

Os filhotes ficam amontoados para se aquecer.

11

GIRAFA

As girafas são os mamíferos MAIS ALTOS do mundo!

Elas são animais pacíficos e passam a maior parte do seu tempo **pastando**. As girafas vivem em grupos chamados manadas.

Cada girafa tem a pelagem com um padrão diferente.

Elas estão sempre de pé, mesmo quando estão dormindo!

Língua comprida para alcançar os galhos

VOCÊ SABIA?

Eu sou... **herbívora**.

Eu como... folhas, galhos e frutas.

Posso ser encontrada... na África.

LOBO

Os lobos são os MAIORES membros da família dos CACHORROS!

Os lobos vivem em grupos chamados matilhas. Eles trabalham juntos para caçar e sobreviver. Cada um tem uma função diferente dentro da matilha e costumam passar horas rastreando suas presas.

Possuem uma grossa camada de pelos para se aquecer nos meses mais frios.

Para se comunicar, eles uivam.

VOCÊ SABIA?

Eu sou... carnívoro.

Eu como... cervos, alces e javalis.

Posso ser encontrado... na América do Norte, Europa, Ásia e África

Superolfato para seguir o rastro das presas

15

BALEIA-AZUL

As baleias são os MAIORES MAMÍFEROS do mundo!

As baleias-azuis podem ser tão compridas quanto três ônibus enfileirados! Têm a pele lisa e emborrachada e corpos alongados para deslizar na água. Elas sobem à superfície da água para respirar.

Cracas pegam carona nos corpos das baleias.

LEÃO

os leões são FORTES e têm um RUGIDO PODEROSO!

O leão é um dos maiores felinos do mundo. Os machos são encarregados de cuidar dos filhotes enquanto as fêmeas saem para caçar suas presas. Os pequenos recém-nascidos têm pintas claras nos pelos.

O rugido de um leão pode ser ouvido a 8 quilômetros de distância!

Os leões machos têm uma juba farta e espessa.

Um grupo de leões é chamado de alcateia ou bando.

VOCÊ SABIA?

Eu sou... carnívoro.

Eu como... grandes animais, como zebras e gnus.

Posso ser encontrado... na África.

19

ORNITORRINCO

os ornitorrincos são os únicos mamíferos que BOTAM OVOS!

Os ornitorrincos caçam debaixo d'água e podem passar até 12 horas por dia procurando alimentos! Eles são animais muito tímidos e costumam viver sozinhos.

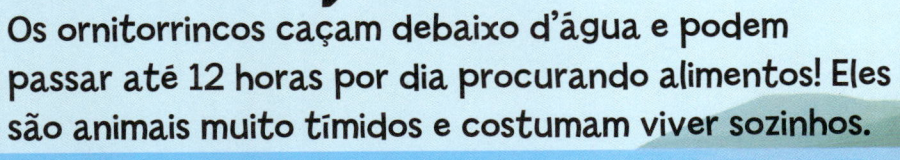

Os ornitorrincos machos são **venenosos**.

Os pés palmados os ajudam a nadar debaixo d'água.

As mães põem os ovos em tocas subterrâneas.

VOCÊ SABIA?

Eu sou... carnívoro.

Eu como... insetos, mariscos e minhocas.

Posso ser encontrado... na Austrália.

O bico plano facilita a procura da comida.

OVELHA

As ovelhas são animais que comem MUITA GRAMA!

Elas são muito dóceis, vivem em grupos chamados rebanhos e seguem umas as outras por toda parte. Os agricultores criam ovelhas em suas propriedades para produzir carne, leite e lã.

Os fortes chifres são usados para lutar.

Os machos das ovelhas são os carneiros.

Os cordeiros recém-nascidos bebem o leite das glândulas mamárias das mães.

O pelo grosso mantém as ovelhas aquecidas.

VOCÊ SABIA?

Eu sou... herbívoro.

Eu como... grama, plantas e feno.

Meus bebês são chamados de... cordeiros.

Posso ser encontrada... na América, Europa e Ásia.

23

ALCE

Os alces são os MAIORES animais da família dos CERVÍDEOS!

Os alces machos têm chifres muito fortes e impressionantes. No inverno, esses chifres caem e só voltam a crescer na primavera! Embora sejam grandes e pesados, os alces são excelentes nadadores.

Os chifres os protegem deles mesmos.

Os cascos os ajudam a andar em terrenos difíceis.

24

VOCÊ SABIA?

Eu sou... herbívoro.

Eu como... folhas, galhos e caules.

Posso ser encontrado... na América do Norte, Canadá, Europa e Ásia.

Os filhotes podem ficar maiores que um humano aos 5 dias de idade!

CHIMPANZÉ

os chimpanzés são animais muito INTELIGENTES!

Os chimpanzés vivem em grandes grupos chamados comunidades, liderados pelo macho mais forte. Eles costumam andar juntos e, muitas vezes, são vistos cuidando uns dos outros, mostrando que são familiares e amigos próximos.

Braços longos para balançar e escalar.

Eles têm **polegares opositores**.

VOCÊ SABIA?

Eu sou... onívoro.

Eu como... frutas, nozes e insetos.

Posso ser encontrado... na África.

Eles usam diferentes meios para se alimentar e se defender.

DROMEDÁRIO

Os dromedários têm grandes CORCOVAS em suas costas!

Os dromedários podem sobreviver por longos períodos sem beber água porque eles não transpiram como os humanos! Isso é muito útil nos **desertos** em que vivem, onde é difícil encontrar água.

Os dromedários armazenam gordura em suas corcovas.

Três camadas de pálpebras protegem os olhos durante as tempestades de areia.

Eles também conseguem fechar suas narinas!

VOCÊ SABIA?

Eu sou... herbívoro.

Eu como... grama, folhas e galhos.

Posso ser encontrado... em desertos ao redor do mundo.

Tenho um primo muito conhecido chamado... camelo. As pessoas, com frequência, se confundem. Eu tenho uma corcova e o camelo tem duas corcovas.

TATU

Os tatus são os únicos mamíferos que têm uma DURA CARAPAÇA!

Eles são a única espécie que pode se enrolar como uma bola! São **noturnos** e passam mais de 16 horas por dia dormindo em suas tocas.

Olfato excelente para procurar comida

Carapaça protetora para afastar os predadores

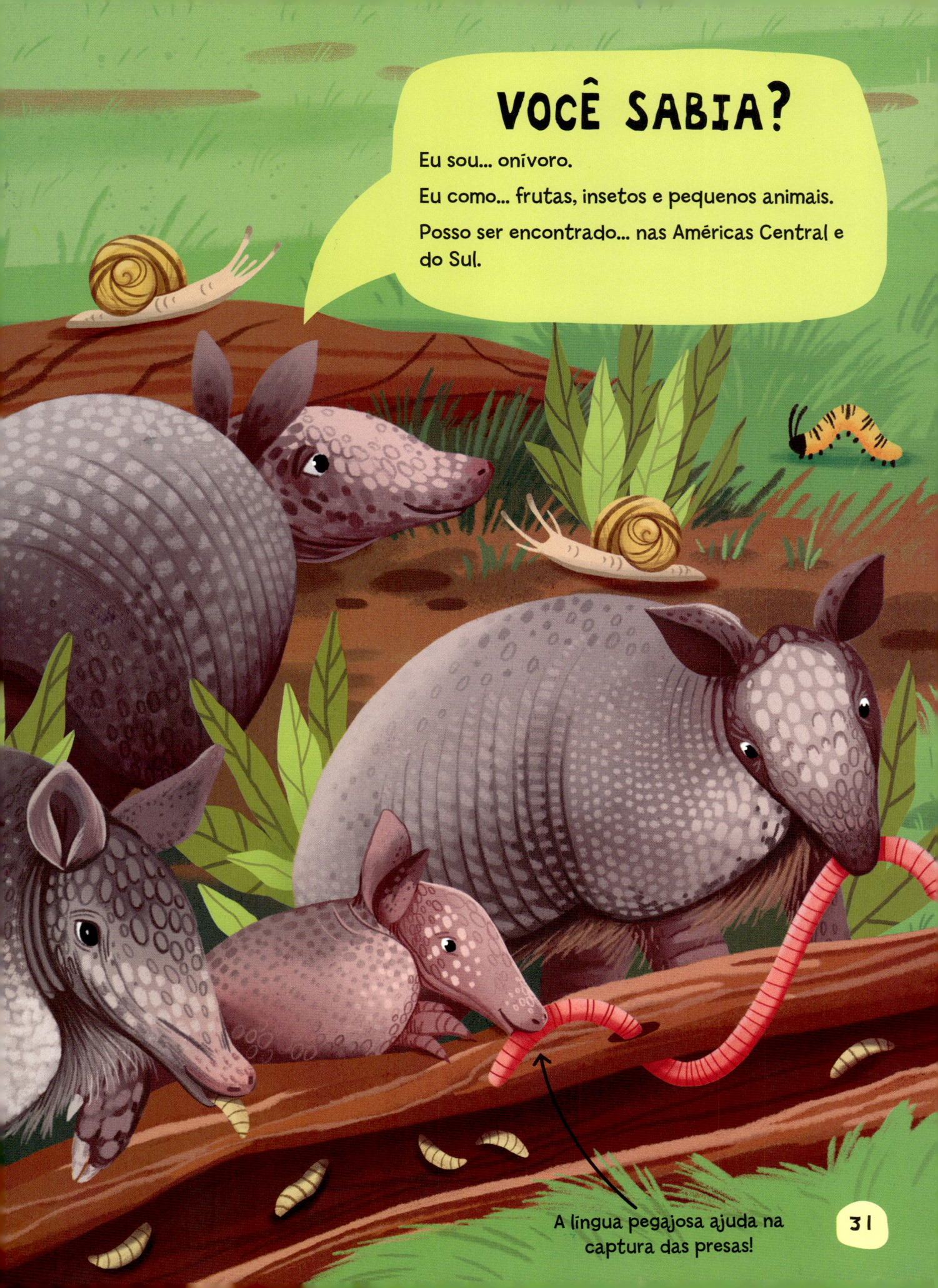

VOCÊ SABIA?

Eu sou... onívoro.

Eu como... frutas, insetos e pequenos animais.

Posso ser encontrado... nas Américas Central e do Sul.

A língua pegajosa ajuda na captura das presas!

MORCEGO

Os morcegos são os únicos mamíferos no mundo capazes de VOAR!

Os morcegos são animais noturnos e dormem de cabeça para baixo, assim podem voar rapidamente para longe dos predadores. Eles são muito sociáveis e vivem em grandes grupos chamados colônias.

Garras afiadas para se segurar

Orelhas grandes para encontrar suas presas à noite usando a **ecolocalização**

VOCÊ SABIA?

Eu sou... onívoro.

Eu como... frutas, insetos e pequenos roedores.

Posso ser encontrado... em quase todos os lugares.

Asas finas facilitam o voo.

CANGURU

Um canguru é capaz de pular até 9 metros no ar COM UM ÚNICO SALTO!

Os cangurus vivem juntos em grupos chamados tropas. Os machos lutam usando um estilo próprio de boxe para decidir quem é o líder.

VOCÊ SABIA?

Eu sou... herbívoro.

Eu como... folhas e grama.

Posso ser encontrado... na Austrália.

As fêmeas têm uma bolsa externa na região da barriga, onde os pequenos recém-nascidos se desenvolvem.

Pernas traseiras poderosas poderosas para saltar

Caudas longas que garantem o equilibrio

35

ELEFANTE

os elefantes são os MAMÍFEROS TERRESTRES MAIS PESADOS!

Um elefante pode pesar até 7.000 quilos! Eles vivem em grupos chamados manadas, que são liderados pelas fêmeas. Os elefantes são muito sociáveis e criam fortes laços familiares que duram a vida toda.

Eles usam a longa tromba para cheirar, beber e pegar comida.

Os filhotes seguram o rabo da mãe para se manter seguros.

As **presas**, ou marfins, são, na verdade, dentes enormes que saem da boca de um elefante.

As orelhas grandes os ajudam a se refrescar.

VOCÊ SABIA?

Eu sou um... herbívoro.

Eu como... frutas, folhas e raízes.

Posso ser encontrado... na África e na Ásia.

VOCÊ SABIA?

Quantos tipos de mamíferos existem?

Muitos! Existem cerca de 6 mil tipos diferentes de mamíferos em todo o mundo, mas nenhum é tão alto quanto eu!

Qual foi o primeiro mamífero?

O primeiro mamífero se chamava *Morganucodon* e era um animal parecido com um musaranho, como eu! Ele viveu junto com os dinossauros!

Qual é o mamífero mais inteligente?

Os humanos são os mamíferos mais inteligentes, no entanto, os chimpanzés e as baleias também são bem espertos.

Qual é o mamífero mais rápido?

O guepardo é o mamífero mais veloz. Ele pode correr a até 113 quilômetros por hora! Ele é bem mais rápido que eu!

QUEM É QUEM?

Você sabe quais são os mamíferos em cada imagem?
As dicas foram dadas com base nos assuntos tratados neste livro.

DICA: Este mamífero usa chifres para se proteger.

DICA: Este mamífero vive no Ártico.

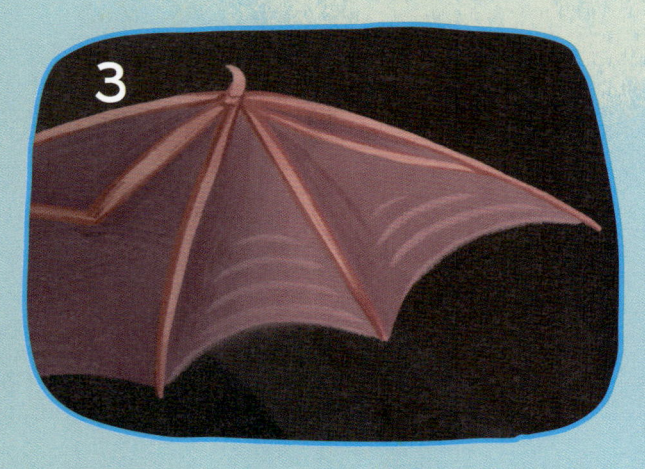

DICA: Este mamífero pode voar.

DICA: Este animal caça em grupos chamados matilhas.

DICA: Este animal tem uma dura carapaça.

DICA: Este animal é o único mamífero capaz de pôr ovos.

DICA: Este mamífero é o maior do mundo.

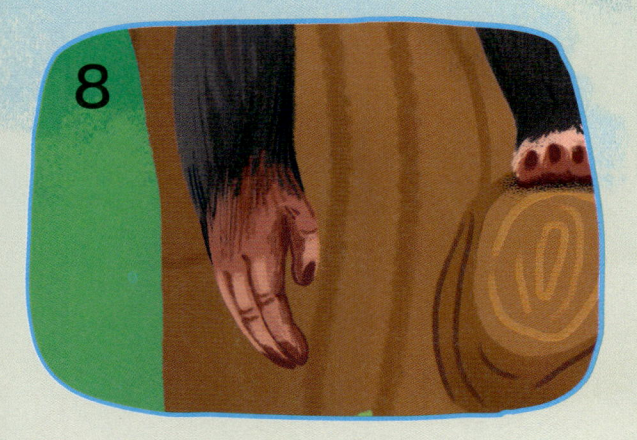

DICA: Este mamífero tem polegares opositores.

DICA: Este mamífero tem corcova nas costas que armazena gordura.

DICA: Este mamífero pode pular 9 metros no ar com um salto!

DESCOBRIU TODOS ELES?

As respostas estão na página 42.

ÍNDICE

QUEM É QUEM?
Respostas:
1 – Alce; 2 – Urso-polar; 3 – Morcego;
4 – Tatu; 5 – Lobo; 6 – Ornitorrinco;
7 – Baleia-azul; 8 – Chimpanzé;
9 – Dromedário; 10 – Canguru.

Este livro foi impresso em 1ª edição em 2024,
em papel couché 115 g/m², com capa em cartão 250 g/m².

GIRASSOL BRASIL EDIÇÕES LTDA.
Av. Copacabana, 325 - 13º andar - Sala 1301
Alphaville, Barueri – SP, 06472-001
leitor@girassol.com.br
www.girassolbrasil.com.br

Direção Editorial: Karine Gonçalves Pansa
Coordenadora Editorial: Carolina Cespedes
Editora Assistente: Lívia Pupo Sibinel
Assistente de Conteúdo e Metadados: Rebecca Silva
Tradução: Monica Fleischer Alves
Diagramação: Patricia Benigno Girotto

Impresso no Brasil

Dados Internacionais de Catalogação na Publicação (CIP)
Angélica Ilacqua CRB-8/7057

Jeffery, Eliza
      Para explorar : o mundo dos mamíferos / Eliza Jeffery ;
tradução de Monica Fleischer Alves ; ilustrações de Olga
Konstantynovska. — Barueri, SP : Girassol, 2024.
      48 p. : il, color.

ISBN 978-65-5530-801-3
Título original: My First Books of Mammals

1. Literatura infantojuvenil I. Título II. Alves, Monica
Fleischer III. Konstantynovska, Olga

24-1828   CDD 028.5

Índices para catálogo sistemático:
      1. Literatura infantojuvenil

GLOSSÁRIO

Carnívoro - um animal que come principalmente carne.

Craca – crustáceo que depende de outros substratos para sobreviver, como barcos (onde causa estragos) e baleias.

Deserto – um lugar onde quase nunca chove.

Ecolocalização – quando os animais usam os ecos das ondas sonoras para se movimentar pelo ambiente.

Fungos – um grupo de seres vivos que não são plantas nem animais.

Herbívoro – um animal que só come plantas.

Noturno – um animal que dorme durante o dia, mas fica ativo à noite.

Onívoro – um animal que come plantas e carne, como os humanos.

Pastar – alimentar-se da grama em crescimento.

Polegares opositores – polegares que podem se mover livre e independentemente (como os dos humanos).

Predadores – animais que caçam e matam outros animais para comer.

Presas – quando animais são caçados por outros animais como alimento ou quando um animal tem dentes longos e pontiagudos.

Sangue quente – animal que consegue regular a própria temperatura corporal independente do ambiente externo.

Toca – um túnel, geralmente subterrâneo, cavado por um animal, no qual ele vive.

Venenosos – animais que podem produzir veneno em seus corpos, permitindo-lhes ferir ou matar outros animais.

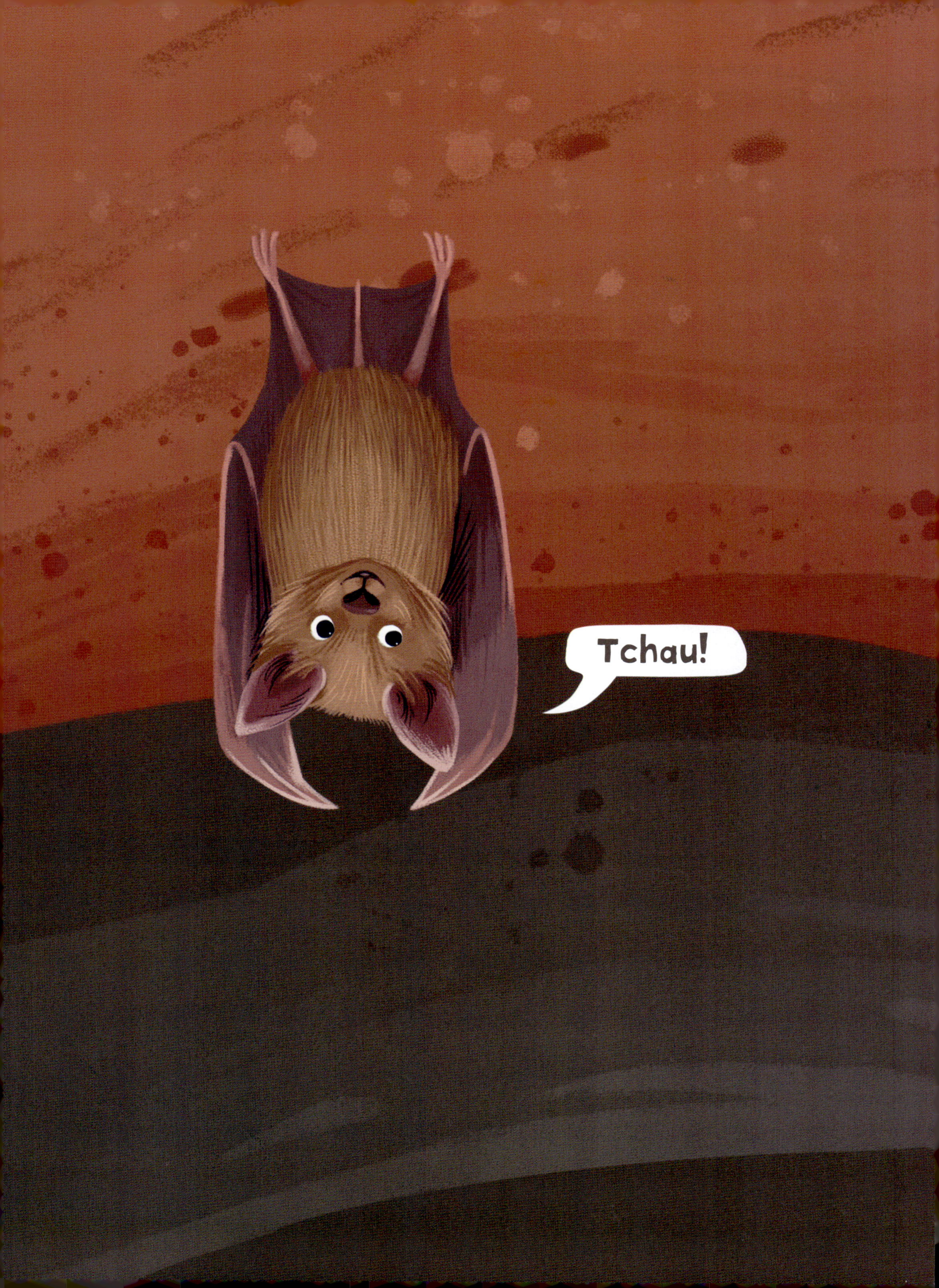
Tchau!